JUSTE UNE CASSEROLE VEGGIE

JUSTE UNE CASSEROLE VEGGIE

SABRINA FAUDA-RÔLE
PHOTOGRAPHIES DE AKIKO IDA

MARABOUT

SOMMAIRE

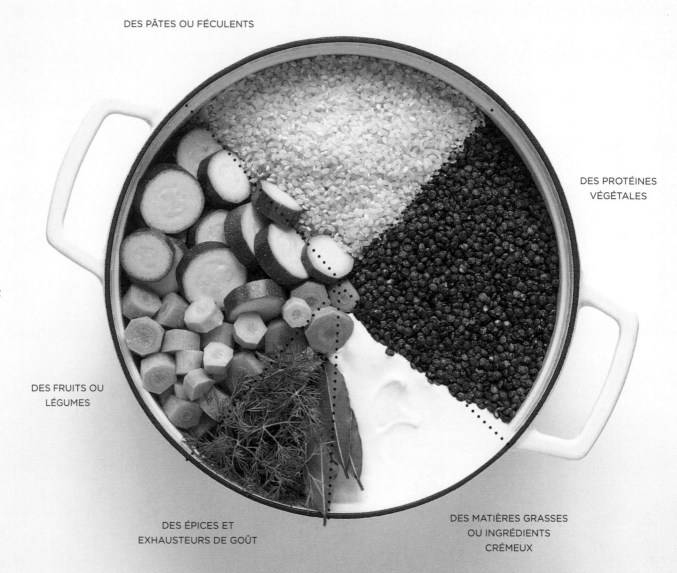

DES PÂTES OU FÉCULENTS

DES PROTÉINES
VÉGÉTALES

6

DES FRUITS OU
LÉGUMES

DES ÉPICES ET
EXHAUSTEURS DE GOÛT

DES MATIÈRES GRASSES
OU INGRÉDIENTS
CRÉMEUX

EN UNE SEULE CASSEROLE ?

Un "One Pot" végétarien, c'est un repas complet végétarien cuisiné dans un seul récipient, facile et rapide à préparer pour un repas sain et équilibré. Classique ou originale, il est parfait pour un dîner improvisé ou un repas du dimanche.

Les recettes proposées dans ce livre sont pour 2 à 8 personnes. Assurez-vous d'avoir un ustensile de cuisson adapté. On peut utiliser une table de cuisson électrique, au gaz ou à induction.

Les ingrédients utilisés se trouvent facilement au supermarché ou dans les magasins bio pour rendre également les courses plus simples. Pour composer un one pot végétarien complet, il vous faudra : des pâtes ou autres féculents, des protéines végétales, des légumes (mixés éventuellement avec des fruits), des épices et un éléments gras ou crémeux pour donner de l'onctuosité à l'ensemble.

Les conseils pour réussir un one pot végétarien :
- utiliser des légumes frais et préférer les recettes avec des légumes adaptés à la saison ;
- rassembler et peser tous les ingrédients avant de commencer la recette, rincer, éplucher les légumes ;
- on peut créer des variantes de recettes en ajoutant ou changeant les épices et aromates utilisés et en ajoutant au moment de servir des herbes fraîches ciselées, des fruits secs concassés, des zestes d'agrumes, etc.

Les one pot végétariens sont souvent des plats complets, on peut cependant les accompagner d'une salade verte ou de crudités mais ils peuvent aussi servir d'accompagnement pour un poisson ou une viande pour les non végétariens.

COMPOSER UN PLAT MAGIQUE* VÉGÉTARIEN

1.

CHOISIR DES CÉRÉALES OU DES FÉCULENTS

Pâtes, riz, boulgour, quinoa, pommes de terre. Préférer les pâtes de bonne qualité pour qu'elles tiennent mieux à la cuisson. On peut utiliser des céréales ou des pâtes complètes.

2.

METTRE DES LÉGUMES, FRAIS OU SURGELÉS,

pour une recette équilibrée. Les choisir de préférence de saison s'ils sont frais, sinon surgelés ou séchés. Pour les légumes frais, essayer le plus souvent de ne pas les éplucher s'ils sont bio pour préserver leurs vitamines.

3.

AJOUTER DES PROTÉINES VÉGÉTALES

sous forme de légumineuses (lentilles, haricots frais ou secs en conserve, fèves, pois chiches) ou de préparation à base de soja : tofu, tempeh.

4.

AJOUTER UN ÉLÉMENT GRAS OU CRÉMEUX

pour lier les différents éléments du plat, donner une texture onctueuse et constituer une sauce. Ce peut être des crèmes à base de lait de vache ou des préparations à cuisiner à base de soja, amande, riz, coco ou bien du beurre, des huiles, du fromage.

5.

METTRE UN ÉLÉMENT FORT EN GOÛT

pour donner du caractère à la recette : gingembre, produit fumé, fromage de chèvre, champignons séchés.

8

*Les plats magiques, appelés aussi "One Pot", sont un concept de cuisson qui nous vient des États-Unis, où tout cuit en même temps dans une seule casserole.

6.

AJOUTER DES ÉPICES OU DES CONDIMENTS pour donner du goût et du peps : des épices de base telles que le curry en poudre, paprika, cumin, mais aussi des zestes d'agrumes, du gingembre, de la citronnelle, de la sauce soja, du miso, des cubes de bouillon ou bien des herbes fraîches, sèches ou surgelées, oignon, échalote, ail.

7.

VERSER DE L'EAU FROIDE : respecter les quantités des recettes. Ne pas oublier qu'un plat qui contient beaucoup de légumes frais ou surgelés va rendre de l'eau à la cuisson.

8.

LAISSER CUIRE LE TEMPS INDIQUÉ. Selon les recettes, il faut remuer en cours de cuisson, sinon on peut laisser cuire sans intervenir.

MATÉRIEL DE BASE

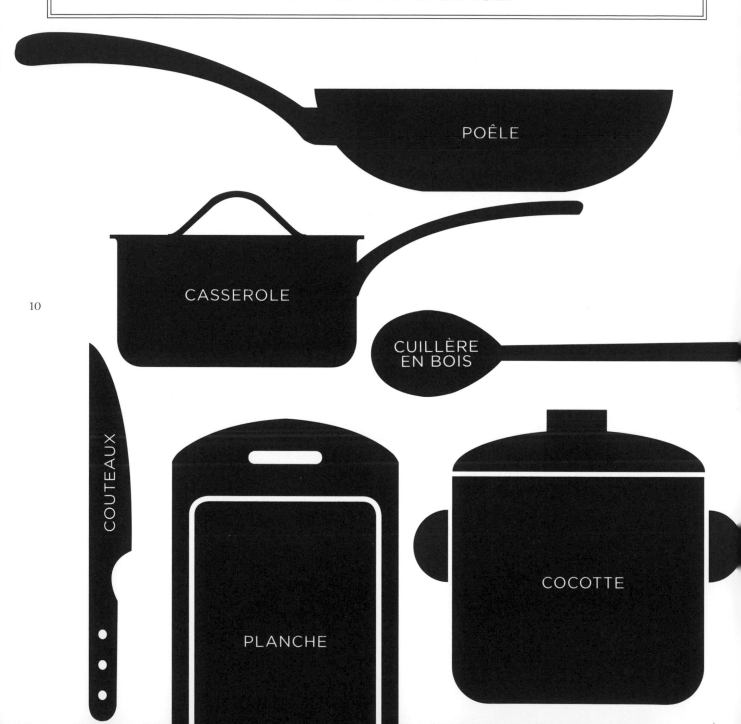

POÊLE

CASSEROLE

CUILLÈRE
EN BOIS

COUTEAUX

PLANCHE

COCOTTE

10

ÉPICERIE DE BASE

FÉCULENTS ET CÉRÉALES

Des pâtes de bonne qualité ; riz : long, rond, à risotto, riz noir type nerone, riz rouge, blanc ou complet ; autres céréales : boulgour, blé précuit, semoule, épeautre, orge, kasha (sarrasin grillé), pois cassés, lentilles (vertes, corail, béluga).

CONSERVES

Sauce tomate, concentré de tomates, haricots blancs, haricots rouges, maïs, pois chiches, châtaignes, pesto, olives, tomates séchées.

BRICKS

Lait, boissons végétales non sucrées, préparations crémeuses végétales (soja, amande, épeautre, riz, etc.), lait de coco.

PROTÉINES VÉGÉTALES POUR UN PLAT COMPLET

Pour obtenir un plat nutritivement complet, même s'il est végétarien, on peut s'appuyer sur les protéines végétales contenues dans :

- les légumineuses comme les lentilles, les pois chiches, les pois cassés ;
- les céréales comme le quinoa, l'épeautre ;
- les oléagineux comme les noix (cajou, macadamia, pécan), noisettes, amandes, sésame ;
- le soja sous toutes ses formes : graines (haricots mungo), tofu, tempeh, miso.

PÂTES, RIZ & CÉRÉALES

PETITES PÂTES À POTAGE
(ICI FUNGHINI)

RIGATONI

SPAGHETTI

FARFALLE

SPAGHETTI
COMPLETS

NOUILLES DE BLÉ
PRÉCUITES

COQUILLETTES

12

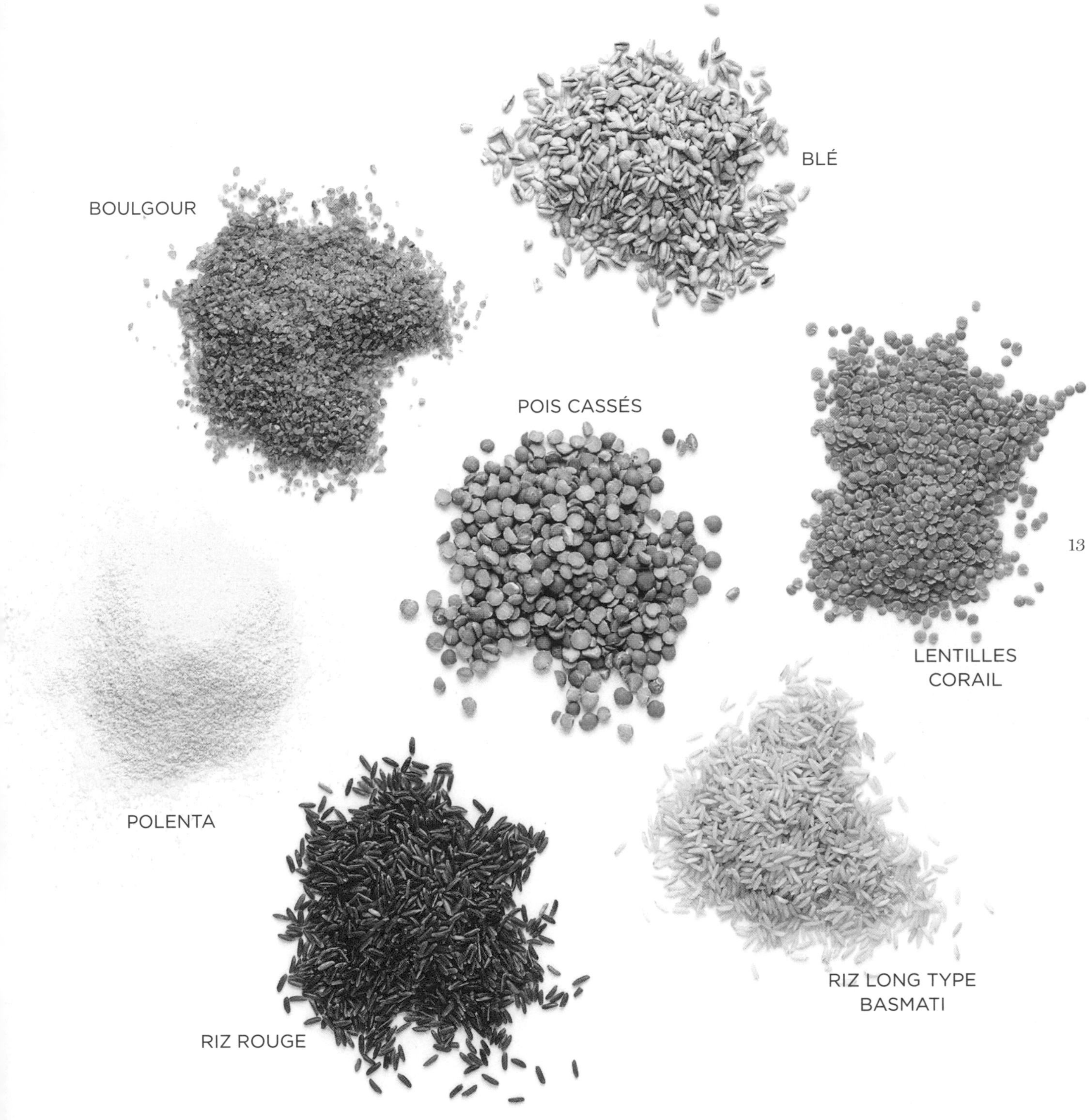

BLÉ

BOULGOUR

POIS CASSÉS

LENTILLES
CORAIL

POLENTA

RIZ LONG TYPE
BASMATI

RIZ ROUGE

CRÉMEUX & GOÛTEUX

FROMAGE
DE CHÈVRE

HUILE DE
COCO

GORGONZOLA

PRÉPARATION
CRÉMEUSE À
BASE DE SOJA

SAUCE
TOMATE

BOISSON
VÉGÉTALE AUX
NOISETTES

CRÈME
ÉPAISSE

14

CURRY EN
POUDRE

ZESTE DE
CITRON

THYM ET
LAURIER

PÂTE DE MISO

CUBE DE
BOUILLON

15

TOFU FUMÉ

HERBES
FRAÎCHES

AIL

TOUT LÉGUMES

Des recettes composées uniquement de légumes, sautés, mijotés, confits, à servir en accompagnement ou en plat principal pour faire le plein de vitamines grâce à une cuisson originale et rapide.

COCOTTE D'AUTOMNE

Préparation : 10 minutes
Cuisson : 30 minutes

pour 6 personnes

350 g de panais coupés en rondelles de 1 cm
350 g de patates douces épluchées,
coupées en rondelles de 1 cm
100 g de carottes coupées en rondelles de 1 cm
1 pomme épluchée, coupée en quartiers
1 oignon émincé
1 bâton de cannelle

50 g de beurre coupé en morceaux
4 feuilles de laurier
2 pincées de poivre
2 pincées de sel
50 cl d'eau

Cocotte Ø 26 cm

recette

Mettre tous les ingrédients dans la cocotte.
Laisser mijoter 30 minutes à feu moyen et à couvert.

POTÉE VEGGIE

Préparation : 10 minutes
Cuisson : 30 minutes

pour 6 personnes

500 g de chou vert émincé
2 grosses carottes en tranches fines
2 échalotes émincées
1 gousse d'ail hachée
50 g de raisins secs
3 feuilles de laurier
4 clous de girofle
1 petit bouquet d'aneth (+ pour servir)

200 g de yaourt grec
4 cuillerées à soupe d'huile d'olive
50 cl d'eau
2 pincées de sel
2 pincées de poivre

Cocotte Ø 26 cm

recette

Mettre tous les ingrédients dans la cocotte sauf l'eau et le yaourt.
Faire revenir 5 minutes à feu fort, sans cesser de remuer.
Ajouter l'eau, couvrir et laisser mijoter 25 minutes à feu doux.
Servir avec du yaourt et le reste d'aneth ciselé.

COCOTTE DE LÉGUMES-RACINES

Préparation : 10 minutes
Cuisson : 20 minutes

pour 6 personnes

400 g de petites carottes multicolores
200 g de betterave chioggia épluchée, coupée
en tranches fines
200 g de betterave rouge épluchée, coupée
en tranches fines
400 g de panais épluchés, coupés en rondelles
de 5 mm
3 feuilles de laurier
2 branches de thym
1 cuillerée à café de graines de cumin

1 bâton de cannelle
1 cuillerée à soupe d'échalote séchée en poudre
1 gousse d'ail hachée
2 cuillerées à soupe d'huile d'olive
2 pincées de sel
2 pincées de poivre
1 cuillerée à soupe de miel, au choix
20 cl d'eau

Cocotte Ø 26 cm

recette

Mettre tous les légumes dans la cocotte avec le laurier et le thym.
Arroser d'eau, saupoudrer de cumin, ajouter l'échalote, l'ail, le sel et le poivre.
Arroser de miel et d'huile d'olive. Poser le bâton de cannelle au centre.
Cuire 20 minutes à couvert.

MAFFÉ VÉGÉTARIEN

Préparation : 10 minutes
Cuisson : 30 minutes

24

pour 6 personnes

800 g de potiron épluché, coupé en gros cubes
2 carottes épluchées, coupées en rondelles de 1 cm
1 poivron rouge coupé en gros carrés
400 g de pommes de terre coupées en gros dés
1 petit piment vert émincé
1 cuillerée à soupe de concentré de tomates
200 g de pâte de cacahuètes

75 cl d'eau
2 pincées de sel
2 pincées de poivre
1 cube de bouillon de légumes

Cocotte Ø 26 cm

recette

Mettre tous les ingrédients dans la cocotte en réservant la moitié
du piment émincé. Laisser mijoter 30 minutes à feu moyen.
Servir avec le reste de piment. On peut parsemer le maffé
de cacahuètes grillées concassées.

COCOTTE FENOUIL ET ORANGE

Préparation : 5 minutes
Cuisson : 25 minutes

pour 4 personnes

2 gros bulbes de fenouil coupés en deux puis
en tranches (garder les feuilles vertes)
1 orange coupée en tranches de 5 mm
½ citron coupé en quartiers
2 cuillerées à soupe de miel, au choix
1 bâton de cannelle
1 cuillerée à café de graines de fenouil

3 cuillerées à soupe d'huile d'olive
1 cuillerée à soupe d'échalote en poudre
2 pincées de sel
2 pincées de poivre

Poêle Ø 30 cm

recette

Mettre tous les ingrédients sauf les feuilles de fenouil dans la poêle.
Faire revenir 3 minutes à feu fort, sans cesser de remuer. Baisser sur feu doux
et cuire 20 minutes à couvert, en remuant régulièrement.
Servir avec les feuilles de fenouil ciselées.

COCOTTE DE CHOUX
DE BRUXELLES ET MARRONS

Préparation : 5 minutes
Cuisson : 15 minutes

pour 6 personnes

600 g de choux de Bruxelles surgelés
200 g de marrons en conserve
2 cuillerées à soupe de moutarde à l'ancienne
20 cl de crème épaisse
1 oignon émincé

1 pincée de noix muscade
2 branches de romarin
50 cl d'eau

Cocotte Ø 26 cm

recette

Mettre tous les ingrédients dans la cocotte. Laisser mijoter 15 minutes,
à couvert à feu moyen, à partir de l'ébullition.

COCOTTE D'HIVER

Préparation : 10 minutes
Cuisson : 20 minutes

pour 6 personnes

600 g de salsifis surgelés
400 g de fleurettes de chou romanesco
1 petit navet violet coupé en quartiers
1 petit navet boule d'or coupé en quartiers
100 g de beurre
1 dosette de safran

3 pincées de sel
2 pincées de poivre
30 cl d'eau

Cocotte Ø 26 cm

recette

Mettre tous les ingrédients dans la cocotte.
Laisser mijoter 20 minutes à feu moyen et à couvert.

PETITS POIS À LA FRANÇAISE

Préparation : 5 minutes
Cuisson : 15 minutes

pour 6 personnes

600 g de petits pois surgelés
6 feuilles de salade verte
1 carotte coupée en rondelles de 1 cm
3 oignons nouveaux coupés en deux dans la longueur
50 g de beurre salé
2 pincées de poivre
20 cl d'eau
1 cube de bouillon de légumes

Casserole Ø 20 cm

recette

Mettre tous les ingrédients dans la casserole.
Laisser mijoter 15 minutes à partir de l'ébullition à feu moyen et à couvert.

COCOTTE VERTE DE PRINTEMPS

Préparation : 10 minutes
Cuisson : 15 minutes

34

pour 6 personnes

150 g de haricots verts équeutés
250 g de pois gourmands
100 g de pousses d'épinard
200 g de courgettes coupées en rondelles
50 g de beurre coupé en morceaux
1 branche de basilic

20 cl d'eau
2 pincées de sel
2 pincées de poivre

Cocotte Ø 26 cm

recette

Mettre tous les ingrédients dans la cocotte.
Laisser mijoter 15 minutes à feu moyen, et à couvert.

CAPONATA

Préparation : 15 minutes
Cuisson : 1 heure

36

pour 6 personnes

4 grosses aubergines coupées en cubes
1 courgette coupée en cubes
2 poivrons rouges coupés en cubes
2 grosses branches de céleri avec les feuilles
émincées
6 gousses d'ail hachées
150 g de câpres égouttées

200 g d'olives vertes dénoyautées
200 g de concentré de tomates
6 cuillerées à soupe d'huile d'olive
10 cl de vinaigre balsamique
50 g de sucre

Cocotte Ø 26 cm

recette

Chauffer l'huile dans la cocotte à feu moyen. Faire revenir les aubergines
et l'ail 15 minutes, en remuant. Ajouter la courgette, laisser cuire 5 minutes
puis ajouter les poivrons et le céleri. Laisser cuire 5 minutes supplémentaires,
en remuant. Ajouter le concentré de tomates, les olives, les câpres, le vinaigre
et le sucre. Bien remuer et cuire 35 minutes à feu doux et à couvert,
en remuant régulièrement. Servir tiède ou froid.

POÊLÉE CAROTTES ET POMMES DE TERRE

Préparation : 10 minutes
Cuisson : 35 minutes

pour 4 personnes

750 g de pommes de terre pelées, coupées en dés
500 g de carottes pelées, coupées
en rondelles de 1 cm
2 oignons émincés
3 gousses d'ail en chemise
3 branches de romarin

2 pincées de sel
2 pincées de poivre
4 cuillerées à soupe d'huile d'olive
4 œufs (facultatif)

Poêle Ø 30 cm

recette

Mettre les ingrédients dans la poêle sauf les œufs. Faire revenir 30 minutes à feu moyen, en remuant très régulièrement. Casser les œufs et les ajouter sans casser les jaunes. Laisser cuire 4 minutes supplémentaires à couvert. Saler et poivrer avant de servir.

POÊLÉE DE BANANES PLANTAIN

Préparation : 10 minutes
Cuisson : 15 minutes

pour 4 personnes

2 grosses bananes plantain bien mûres épluchées
coupées en rondelles d'1 cm
2 gros panais épluchés coupés en rondelles d'1 cm
8 cuillerées à soupe d'huile de coco
2 oignons nouveaux émincés

1 cuillerée à café de curcuma
2 pincées de sel
2 pincées de poivre

Poêle Ø 30 cm

recette

Faire chauffer l'huile dans la poêle sur feu moyen, déposer les rondelles
de banane et de panais et laisser frire 5 minutes. Retourner les rondelles
et parsemer d'oignons émincés et de curcuma, laisser frire 5 minutes
supplémentaires. Remuer et laisser cuire 3 minutes.
Servir assaisonné de sel et de poivre.

PURÉE DE TOPINAMBOURS ET CHÈVRE

Préparation : 10 minutes
Cuisson : 30 minutes

pour 4 personnes

750 g de topinambours épluchés, coupés en deux
750 g de petites pommes de terre à purée épluchées,
coupées en deux
200 g de fromage de chèvre frais
3 cuillerées à soupe d'huile d'olive
2 branches de romarin (+ pour servir)

2 pincées de sel
2 pincées de poivre
50 cl d'eau

Cocotte Ø 26 cm

recette

Mettre tous les ingrédients dans la cocotte sauf le chèvre. Cuire 30 minutes
à couvert, à feu moyen. Les pommes de terre doivent être fondantes.
Enlever le romarin, écraser à la fourchette en ajoutant le fromage de chèvre.
Servir avec le romarin restant, du sel et du poivre.

PURÉE DE HARICOTS BLANCS ET PAPRIKA

Préparation : 5 minutes
Cuisson : 35 minutes

44

pour 6 personnes

600 g de haricots blancs surgelés
1 petite courgette (100 g) coupée en rondelles
1 petit oignon émincé
2 gousses d'ail
20 cl de crème épaisse
1 cube de bouillon de légumes
1 cuillerée à soupe de paprika (+ pour servir)
1 cuillerée à soupe de concentré de tomates

2 cuillerées à soupe d'huile d'olive
2 cuillerées à soupe de vinaigre de xérès
2 pincées de sel
2 pincées de poivre
1 litre d'eau

Cocotte Ø 26 cm

recette

Mettre tous les ingrédients dans la cocotte en réservant
la moitié de la crème pour servir. Cuire 30 minutes à partir de l'ébullition
à feu moyen, en remuant régulièrement. Mixer, servir avec une cuillère
de crème, saupoudré de paprika.

POÊLÉE KALE, PÉCAN, CITRON

Préparation : 10 minutes
Cuisson : 10 minutes

46

pour 4 personnes

500 g de chou kale
50 g de noix de pécan
2 cuillerées à soupe de sucre
2 cuillerées à soupe d'huile d'olive
zeste de 1 citron

3 cuillerées à soupe de sauce soja
20 g de gingembre haché

Cocotte Ø 30 cm

recette

Rincer le chou kale, le déchirer en retirant la tige centrale. Mettre les noix de pécan et le sucre dans la cocotte, chauffer sur feu fort pendant 5 minutes en remuant pour caraméliser. Sortir les noix de la cocotte, ajouter l'huile d'olive puis le kale. Faire sauter pendant 5 minutes et ajouter la sauce soja et le gingembre. Mélanger et servir avec le zeste de citron et les noix de pécan caramélisées hachées.

MIJOTÉ CHOU ROUGE ET HARICOTS NOIRS

Préparation : 10 minutes
Cuisson : 20 minutes

pour 4 personnes

500 g de chou rouge émincé
350 g de haricots noirs en conserve, égouttés
50 g de sucre
1 oignon émincé
1 pincée de noix muscade
2 cuillerées à soupe d'origan

20 g de beurre
2 pincées de sel
15 cl d'eau

Cocotte Ø 26 cm

recette

Faire fondre le beurre dans la cocotte, ajouter tous les ingrédients sauf
les haricots et l'eau. Laisser cuire 15 minutes à feu moyen, à couvert,
en remuant régulièrement. Ajouter 15 cl d'eau et les haricots.
Remuer et laisser cuire 5 minutes supplémentaires.

PROTÉINES VERTES

Des recettes traditionnelles revisitées façon végétarienne
mais aussi des associations plus originales pour découvrir
ou redécouvrir céréales, légumineuses et tofu.

LENTILLES CRÉMEUSES AUX ÉPINARDS

Préparation : 10 minutes
Cuisson : 30 minutes

pour 6 personnes

250 g de lentilles vertes
400 g de pommes de terre coupées en gros dés
1 oignon émincé
1 carotte coupée en tronçons de 2 cm
1 branche de thym
2 feuilles de laurier
600 g d'épinards surgelés en branches

30 cl de crème liquide
25 cl de vin blanc
1 gousse d'ail entière écrasée
2 pincées de sel
2 pincées de poivre

Cocotte Ø 26 cm

recette

Placer tous les ingrédients dans la cocotte et laisser mijoter 30 minutes à feu moyen, en remuant régulièrement. Retirer la gousse d'ail avant de servir.

LENTILLES QUINOA ET POIVRON

Préparation : 5 minutes
Cuisson : 25 minutes

54

pour 4 personnes

150 g de lentilles béluga
150 g de quinoa
2 poivrons (rouge et jaune) émincés
1 oignon émincé
1 gousse d'ail hachée
3 branches de persil ciselé (+ pour servir)

2 cuillerées à soupe de sauce soja (+ pour servir)
2 cuillerées à soupe d'huile d'olive
2 pincées de sel
75 cl d'eau

Cocotte Ø 26 cm

55

Placer tous les ingrédients dans la cocotte. Laisser mijoter 25 minutes à feu moyen. Servir avec du persil frais ciselé et de la sauce soja.

DAHL

Préparation : 10 minutes
Cuisson : 30 minutes

pour 6 personnes

250 g de lentilles corail
400 g de courge butternut vidée, coupée en cubes
2 cuillerées à soupe de concentré de tomates
1 oignon émincé
1 gousse d'ail hachée
20 cl de crème liquide
2 pincées de sel
2 pincées de poivre

1 pincée de piment en poudre
1 cuillerée à café de curry en poudre
4 gousses de cardamome écrasées
1 petit bouquet de coriandre
1 litre d'eau

Poêle Ø 30 cm

recette

Mettre tous les ingrédients dans la poêle, en réservant la moitié de la coriandre. Cuire 30 minutes à feu doux. Servir avec le reste de coriandre.

COUSCOUS VEGGIE

Préparation : 15 minutes
Cuisson : 35 minutes

pour 4 personnes

500 g de potimarron égrainé et coupé en tranches
400 g de navets épluchés, coupés en quatre
6 carottes moyennes coupées en tronçons de 3 cm
4 courgettes moyennes coupées en tronçons de 2 cm
70 g de concentré de tomates
400 g de pois chiches
1 oignon émincé
3 cuillerées à soupe de ras el-hanout
1 cuillerée à café de harissa (+ pour servir)

2 cubes de bouillon de légumes
2 cuillerées à soupe d'huile d'olive
2 cuillerées à soupe de raisins secs
300 g de couscous
2 pincées de sel
1 litre d'eau

Cocotte Ø 26 cm

recette

Chauffer l'huile dans la cocotte et faire revenir l'oignon avec
le ras el-hanout. Ajouter les navets, les carottes, le potimarron, le concentré
de tomates, la harissa, les raisins, les cubes de bouillon et le sel.
Couvrir d'eau et laisser mijoter 20 minutes à feu moyen. Ajouter les
courgettes et les pois chiches, laisser mijoter 10 minutes. Mettre 75 g
de couscous dans chacune des 4 assiettes creuses, arroser de 1 louche
de bouillon de cuisson. Couvrir, laisser gonfler 5 minutes.
Servir avec les légumes et de la harissa supplémentaire.

CHAKCHOUKA

Préparation : 10 minutes
Cuisson : 20 minutes

60

pour 4 personnes

3 poivrons (multicolores) émincés
1 oignon émincé
400 g de tomates pelées entières en conserve
1 cuillerée à café de graines de cumin
1 dose de safran
2 pincées de sel
1 pincée de poivre

4 cuillerées à soupe d'huile d'olive
4 œufs
1 petit piment vert haché, pour servir
1 petit bouquet de coriandre, pour servir

Poêle Ø 30 cm

recette

Faire revenir l'oignon, les poivrons, le cumin et le safran dans l'huile pendant
5 minutes. Ajouter les tomates en conserve, le sel, le poivre et mélanger
en écrasant les tomates. Laisser cuire 10 minutes à couvert, en remuant
régulièrement. Ajouter 4 œufs cassés entiers, laisser cuire 3 minutes
supplémentaires. Servir avec la coriandre ciselée
et le piment haché.

BOULGOUR ET CHOU-FLEUR AU CURRY

Préparation : 10 minutes
Repos : 10 minutes
Cuisson : 20 minutes

pour 4 personnes

350 g de boulgour gros
350 g de chou-fleur râpé
20 g de graines de chia
30 cl de crème liquide
1 cuillerée à café de sel
1 pincée de poivre

1 cuillerée à café de curry en poudre
50 g de raisins secs
1 cuillerée à café de graines de coriandre écrasées
50 cl d'eau

Cocotte Ø 30 cm

recette

Placer tous les ingrédients dans la cocotte, laisser cuire 20 minutes
à feu moyen. Arrêter la cuisson et laisser reposer à couvert
10 minutes avant de servir.

RISOTTO ÉPEAUTRE, POMME, CHÈVRE

Préparation : 10 minutes
Cuisson : 1 heure

64

pour 6 personnes

250 g de petit épeautre
2 petites pommes râpées (300 g)
1 oignon émincé
150 g de petits champignons de Paris entiers
200 g de fromage de chèvre frais
1 cuillerée à café de coriandre en grains
2 branches de romarin (+ pour servir)

2 cuillerées à soupe d'huile d'olive
1 litre d'eau
2 pincées de sel
2 pincées de poivre

Cocotte Ø 26 cm

recette

Mettre tous les ingrédients dans la cocotte en réservant 50 g
de fromage de chèvre pour servir. Cuire 1 heure à feu doux jusqu'à ce que
l'eau soit évaporée. Servir avec des brins de romarin et de petits morceaux
de fromage de chèvre.

TAJINE

Préparation : 10 minutes
Cuisson : 45 minutes

pour 4 personnes

400 g de fonds d'artichaut surgelés
300 g de fèves pelées surgelées
350 g de butternut égrainé, coupé en gros morceaux
150 g d'orge perlé
2 citrons confits coupés en quartiers
1 oignon émincé
50 g d'amandes entières
50 g d'olives vertes dénoyautées

2 bâtons de cannelle
1 cuillerée à soupe de ras el-hanout
1 cuillerée à soupe de miel
1 litre d'eau
1 cuillerée à soupe de sel
2 pincées de poivre

Cocotte Ø 26 cm

recette

Mettre tous les ingrédients dans la cocotte.
Laisser mijoter 45 minutes à feu doux.

AUBERGINE ET SARRASIN GRILLÉ

Préparation : 10 minutes
Cuisson : 35 minutes

68

pour 4 personnes

500 g d'aubergines coupées en dés
250 g de sarrasin grillé (kasha)
4 cuillerées à soupe d'huile d'olive
2 cuillerées à soupe de miel, au choix
50 cl d'eau
1 cuillerée à café de sel

2 cuillerées à soupe de graines de sésame dorées,
pour servir
2 branches de menthe ciselée, pour servir

Cocotte Ø 30 cm

recette

Chauffer l'huile dans la cocotte. Faire revenir les aubergines 15 minutes.
Ajouter le sarrasin, faire revenir 5 minutes supplémentaires. Ajouter l'eau
et le sel. Laisser cuire 10 minutes : l'eau doit être totalement évaporée.
Ajouter le miel, mélanger et laisser caraméliser 5 minutes.
Servir avec la menthe ciselée et les graines de sésame.

MIJOTÉ PATATES DOUCES ET COCOS BLANCS

Préparation : 10 minutes
Cuisson : 30 minutes

70

pour 4 personnes

800 g de patates douces
1 oignon émincé
800 g de cocos blancs en conserve, égouttés
400 g de chair à tomate en conserve
1 gousse d'ail hachée
1 pincée de sel
1 pincée de poivre
1 cuillerée à café de paprika

1 cuillerée à café de cannelle
1 pincée de muscade moulue
1 pincée de piment fort moulu
1 petit bouquet de coriandre
2 cuillerées à soupe d'huile d'olive
25 cl d'eau

Cocotte Ø 26 cm

recette

Placer tous les ingrédients dans la cocotte en réservant la moitié de
la coriandre. Laisser cuire 30 minutes environ à feu moyen et à couvert.
Servir avec de la coriandre fraîche ciselée.

GALETTE DE POLENTA ET CHAMPIGNONS

Préparation : 5 minutes
Cuisson : 8 minutes

72

pour 4 personnes

150 g de polenta
200 g de petits champignons de Paris coupés
en quartiers
50 g de tomates séchées hachées
2 cuillerées à soupe d'échalote séchée en poudre
2 branches de thym effeuillées
30 g de beurre coupé en morceaux

2 cuillerées à soupe de parmesan râpé (+ pour servir)
50 cl de lait
1 pincée de poivre
1 pincée de sel

Poêle Ø 30 cm

recette

Mettre tous les ingrédients, sauf le lait et le parmesan, dans la poêle.
Cuire 3 minutes à feu doux, en mélangeant pour faire fondre le beurre.
Ajouter le lait et le parmesan. Porter à ébullition et cuire 5 minutes,
en remuant pour que la polenta épaississe. Servir avec du parmesan
râpé, chaud ou tiède.

CURRY DE QUINOA ET PATATE DOUCE

Préparation : 5 minutes
Cuisson : 25 minutes
Repos : 15 minutes

pour 4 personnes

350 g de quinoa
500 g de patate douce épluchée, coupée en dés
40 cl de lait de coco
2 cuillerées à soupe de curry en poudre
1 oignon émincé
1 gousse d'ail hachée

2 pincées de sel
1 pincée de poivre
40 cl d'eau

Cocotte Ø 26 cm

recette

Placer tous les ingrédients dans la cocotte. Laisser mijoter 25 minutes à feu moyen, en remuant régulièrement. Sortir du feu, couvrir et laisser reposer 15 minutes avant de servir.

MIJOTÉ POIS CASSÉS ET TOFU FUMÉ

Préparation : 10 minutes
Cuisson : 40 minutes
Trempage : 1 heure

76

pour 4 personnes

300 g de pois cassés
4 carottes moyennes coupées en petits dés
1 oignon émincé
1 gousse d'ail dégermée
1 petit bouquet de persil
1 cube de bouillon de légumes

100 g de tofu fumé coupé en dés
1 branche de thym
1,5 litre d'eau
2 pincées de sel

Casserole Ø 20 cm

recette

Faire tremper les pois cassés 1 heure dans de l'eau froide. Rincer.
Placer tous les ingrédients dans la casserole en réservant la moitié du persil.
Laisser cuire 40 minutes à feu doux, en remuant.
Servir avec le persil frais restant ciselé.

MIJOTÉ TOFU ET CHAMPIGNONS

Préparation : 10 minutes
Cuisson : 20 minutes

78

pour 4 personnes

750 g de mélange de champignons frais
250 g de tofu fumé aux herbes coupé en dés
2 feuilles de laurier
2 branches de thym
1 brique de préparation crémeuse à base de soja
(25 cl)

4 branches de persil ciselé
2 pincées de sel
2 pincées de poivre

Cocotte Ø 26 cm

recette

Placer tous les ingrédients dans la cocotte et laisser mijoter 20 minutes
à feu moyen, en remuant régulièrement.

TOFU SAUTÉ ET ÉPINARDS MASALA

Préparation : 10 minutes
Repos : 5 minutes
Cuisson : 15 minutes

80

pour 4 personnes

500 g de tofu nature coupé en dés
150 g de pousses d'épinard
20 g de gingembre haché
1 oignon nouveau émincé
4 cuillerées à soupe de sauce soja

2 cuillerées à soupe d'huile d'olive
50 g de noix de cajou
2 cuillerées à soupe de garam masala

Cocotte Ø 30 cm

recette

Chauffer l'huile dans la cocotte, faire revenir l'oignon et le gingembre pendant 5 minutes. Ajouter le tofu et le garam masala, faire revenir 5 minutes. Verser la sauce soja, cuire 5 minutes. Arrêter le feu et mettre les épinards dans la cocotte. Laisser reposer 5 minutes à couvert. Remuer et servir avec les noix de cajou hachées.

TOFU SAUTÉ, BROCOLI ET BUTTERNUT

Préparation : 10 minutes
Cuisson : 15 minutes

pour 4 personnes

250 g de tofu aux herbes
1 petit brocoli, fleurettes coupées en tranches
500 g de butternut épluché et râpé
4 cuillerées à soupe d'huile d'olive
20 g de gingembre

4 cuillerées à soupe de sauce soja
2 cuillerées à soupe de noix de coco râpée,
pour servir

Cocotte Ø 30 cm

recette

Chauffer l'huile dans la cocotte. Faire revenir le butternut, le gingembre,
le tofu et le brocoli pendant 10 minutes. Ajouter la sauce soja et laisser cuire
5 minutes supplémentaires. Servir, saupoudré de noix de coco.

POÊLÉE PATATES DOUCES ET TEMPEH

Préparation : 10 minutes
Cuisson : 25 minutes

pour 4 personnes

1 kg de patates douces épluchées, coupées en dés
200 g de tempeh coupé en dés
2 échalotes émincées
4 cuillerées à soupe de sirop d'érable
4 cuillerées à soupe de sauce soja

2 cuillerées à soupe d'huile d'olive
4 branches de coriandre
1 cuillerée à soupe de graines de sésame grillées

Cocotte Ø 30 cm

recette

Faire chauffer l'huile dans la cocotte, faire revenir les patates douces, le tempeh et les échalotes pendant 15 minutes. Ajouter le sirop d'érable, remuer régulièrement jusqu'à ce que le mélange caramélise. Ajouter la sauce soja, remuer 5 minutes supplémentaires pour obtenir une sauce sirupeuse. Servir avec de la coriandre fraîche ciselée et des graines de sésame.

SOUPE TOSCANE

Préparation : 10 minutes
Cuisson : 50 minutes

pour 4 personnes

1 fenouil coupé en petits cubes
2 carottes émincées
6 branches de céleri hachées (+ quelques feuilles pour servir)
250 g de tofu fumé coupé en cubes
1 oignon émincé
2 branches de romarin
2 gousses d'ail hachées
1 pincée de piment en poudre

1 cuillerée à soupe de graines d'anis
4 cuillerées à soupe d'huile d'olive
400 g de tomates en conserve
1 cuillerée à café de sel
1,5 litre d'eau
200 g de pain sec coupé en cubes, pour servir

Cocotte Ø 26 cm

recette

Mettre tous les ingrédients dans la cocotte sauf l'eau, le sel et les tomates. Laisser cuire 5 minutes à feu vif, en remuant. Ajouter les tomates, l'eau et le sel. Laisser cuire 45 minutes à feu doux. Servir avec les cubes de pain et les feuilles de céleri ciselées.

POT-AU-FEU VÉGÉTARIEN

Préparation : 10 minutes
Cuisson : 30 minutes

88

pour 6 personnes

500 g de chou vert coupé en quartiers
3 carottes coupées en deux
3 navets coupés en deux
2 poireaux coupés en trois
1 oignon épluché coupé en deux
1 petit bouquet de persil
2 feuilles de laurier
2 gousses d'ail écrasées

2 branches de thym
2 litres d'eau
2 cuillerées à soupe de miso
1 cuillerée à café de gros sel
2 pincées de poivre
3 clous de girofle

Cocotte Ø 26 cm

recette

Mettre tous les ingrédients dans la cocotte.
Laisser mijoter 30 minutes à feu moyen et à couvert.

PORRIDGE SALÉ

Préparation : 5 minutes
Cuisson : 5 minutes
Repos : 5 minutes

90

pour 4 personnes

50 g de flocons d'avoine
50 cl de lait, au choix
100 g de champignons de Paris émincés
2 branches de thym
20 g de graines de chia
100 g de petits pois surgelés
2 cuillerées à soupe de graines de sésame

2 cuillerées à soupe de tamari
1 pincée de noix de muscade râpée
1 pincée de poivre
1 avocat, pour servir

Casserole Ø 20 cm

recette

Mettre tous les ingrédients dans la casserole en réservant la moitié
des graines de sésame. Porter à ébullition et cuire 3 minutes à feu moyen,
en remuant. Laisser reposer 5 minutes à couvert.
Servir avec des tranches d'avocat, saupoudré de graines de sésame.

GALETTE DE POLENTA, TOMATES, MAÏS

Préparation : 5 minutes
Cuisson : 11 minutes

pour 4 personnes

150 g de polenta
500 g de tomates cerises
1 oignon nouveau émincé
350 g de maïs en conserve, égoutté
3 cuillerées à soupe d'huile d'olive
50 cl d'eau

2 pincées de sel
1 pincée de poivre
cheddar, pour servir

Poêle Ø 30 cm

recette

Chauffer l'huile dans la poêle. Faire revenir l'oignon avec le maïs et
les tomates pendant 5 minutes. Ajouter la polenta, le sel et le poivre.
Mélanger et verser l'eau. Cuire en mélangeant pendant 1 minute puis laisser
cuire à feu doux pendant 5 minutes pour que la polenta épaississe.
Servir avec du cheddar râpé.

PÂTES, RIZ ET GNOCCHIS

Une préparation dans une petite quantité d'eau pour une cuisson parfaite et un résultat incroyable avec un maximum de goût. Des recettes classiques et des associations plus originales pour changer du riz et des pâtes tels qu'on les connaît déjà.

SPAGHETTI TOMATE ET BASILIC

Préparation : 10 minutes
Cuisson : 15 minutes

pour 4 personnes

350 g de spaghetti n° 7
2 gousses d'ail émincées
1 oignon émincé
400 g de tomates cerises coupées en deux
4 cuillerées à soupe d'huile d'olive
1 pincée de piment moulu
2 cuillerées à soupe de concentré de tomates

20 feuilles de basilic (+ pour servir)
1 cuillerée à soupe de gros sel
2 tours de moulin à poivre
1 litre d'eau

Cocotte Ø 26 cm

recette

Placer tous les ingrédients dans la cocotte et laisser cuire 15 minutes environ à feu moyen, en remuant régulièrement. Servir avec des feuilles de basilic frais. On peut aussi ajouter du parmesan râpé.

LINGUINE COURGETTE ET CITRON

Préparation : 5 minutes
Cuisson : 15 minutes

98

pour 4 personnes

350 g de linguine
1 grosse courgette coupée en lamelles à l'économe
zeste de 1 citron
1 petit bouquet d'aneth ciselé (+ pour servir)
1 cube de bouillon de légumes
1 litre d'eau

Casserole Ø 20 cm

recette

Placer tous les ingrédients dans la casserole et laisser cuire 15 minutes environ à feu moyen, en remuant régulièrement. Servir avec de l'aneth ciselé.

FARFALLE FOURME ET CHAMPIGNONS

Préparation : 10 minutes
Cuisson : 15 minutes

100

pour 4 personnes

350 g de farfalle
250 g de mélange de champignons émincés
1 oignon émincé
150 g de fourme d'Ambert
1 brique de préparation crémeuse à l'épeautre (20 cl)
1 cuillerée à café de graines de coriandre

1 cuillerée à café de sel
2 cuillerées à soupe d'huile d'olive
2 pincées de poivre
1 litre d'eau

Cocotte Ø 26 cm

recette

Placer tous les ingrédients dans la cocotte et laisser cuire 15 minutes environ
à feu moyen, en remuant régulièrement.

SPAGHETTI BOLO VEGGIE

Préparation : 10 minutes
Cuisson : 15 minutes

pour 4 personnes

350 g de spaghetti n° 7
1 oignon émincé
350 g de sauce tomate
1 carotte émincée
2 branches de thym
2 feuilles de laurier
150 g de tempeh haché
1 gousse d'ail hachée
2 pincées de sel

2 pincées de poivre
1 litre d'eau
50 g de parmesan, pour servir

Cocotte Ø 26 cm

recette

Placer tous les ingrédients dans la cocotte et laisser cuire 15 minutes environ
à feu moyen, en remuant régulièrement. Servir avec du parmesan râpé.

ORECCHIETTE AUBERGINE ET MOZZA

Préparation : 10 minutes
Cuisson : 15 minutes

pour 4 personnes

350 g d'orecchiette
2 gousses d'ail hachées
150 g d'aubergines grillées surgelées,
coupées en morceaux
200 g de sauce tomate
1 petit oignon émincé
1 petit bouquet de persil ciselé (+ pour servir)

1 cuillerée à soupe d'origan
2 cuillerées à soupe d'huile d'olive
150 g de billes de mozzarella, pour servir
1,2 litre d'eau

Cocotte Ø 26 cm

recette

Placer tous les ingrédients dans la cocotte sauf la mozzarella.
Laisser cuire 15 minutes environ à feu moyen, en remuant régulièrement.
Mélanger avec les billes de mozzarella et servir avec du persil frais ciselé.

PENNE POIVRONS ET MASCARPONE

Préparation : 5 minutes
Cuisson : 15 minutes

106

pour 4 personnes

350 g de penne
3 poivrons multicolores émincés
250 g de mascarpone
100 g d'olives noires
1 cuillerée à soupe d'origan
2 cuillerées à soupe d'huile d'olive

2 pincées de sel
2 pincées de poivre
1 litre d'eau

Cocotte Ø 26 cm

recette

Placer tous les ingrédients dans la cocotte et laisser cuire 15 minutes
environ à feu moyen, en remuant régulièrement.

SPAGHETTI BROCOLI ET AMANDES

Préparation : 10 minutes
Cuisson : 15 minutes

pour 4 personnes

350 g de spaghetti complets
500 g de fleurettes de brocoli
1 oignon émincé
1 brique de crème d'amande (20 cl)
2 branches de thym
2 cuillerées à soupe d'amandes effilées (+ pour servir)

2 cuillerées à soupe de sauce soja (+ pour servir)
2 pincées de sel
2 pincées de poivre
1 litre d'eau

Cocotte Ø 26 cm

recette

Placer tous les ingrédients dans la cocotte et laisser cuire 15 minutes
environ à feu moyen, en remuant régulièrement. Servir avec quelques
amandes effilées torréfiées et de la sauce soja.
On peut aussi ajouter du parmesan râpé.

RIGATONI TOMATE ET POIS CHICHES

Préparation : 5 minutes
Cuisson : 15 minutes

pour 4 personnes

350 g de rigatoni
350 g de pois chiches en conserve, égouttés
400 g de chair de tomate en conserve
50 g d'olives vertes dénoyautées
1 cuillerée à soupe d'origan séché
1 pincée de piment en poudre
2 cuillerées à soupe d'huile d'olive

1 oignon émincé
2 pincées de sel
2 pincées de poivre
80 cl d'eau
emmental râpé, pour servir

Cocotte Ø 26 cm

recette

Placer tous les ingrédients dans la cocotte et laisser cuire 15 minutes environ
à feu moyen, en remuant régulièrement. Servir avec du fromage râpé.

MAC & CHEESE

Préparation : 5 minutes
Cuisson : 15 minutes
Repos : 10 minutes

pour 4 personnes

350 g de pâtes coudées, au choix
1 boîte de lait concentré non sucré (40 cl)
1 cuillerée à café de moutarde à l'ancienne
1 cuillerée à soupe de paprika fumé
100 g de cheddar coupé en dés
1 cuillerée à soupe d'échalote séchée en poudre
1 gousse d'ail hachée

100 g d'emmental râpé
100 g de parmesan râpé
2 pincées de sel
2 pincées de poivre
80 cl d'eau

Poêle Ø 30 cm

recette

Mettre tous les ingrédients dans la poêle sauf le parmesan et l'emmental.
Cuire 15 minutes à feu moyen, en remuant très régulièrement. Laisser reposer
10 minutes à couvert. Ajouter le parmesan et l'emmental avant de servir.

TORTELLINI TOMATE ET RICOTTA

Préparation : 5 minutes
Cuisson : 10 minutes

pour 4 personnes

300 g de tortellini aux épinards
200 g de sauce tomate
1 carotte râpée
250 g de ricotta
1 oignon nouveau émincé
2 branches de basilic ciselé (+ pour servir)

2 cuillerées à soupe d'huile d'olive
1 pincée de sel
2 pincées de poivre
25 cl d'eau

Poêle Ø 30 cm

115

recette

Mettre tous les ingrédients dans la poêle. Réserver la moitié de la ricotta.
Cuire 10 minutes à feu moyen. Servir avec du basilic frais et le reste de ricotta.

TAGLIATELLES GORGONZOLA ET NOIX

Préparation : 5 minutes
Cuisson : 15 minutes

pour 4 personnes

350 g de tagliatelles fraîches
3 courgettes râpées
200 g de gorgonzola
100 g de noix
2 pincées de sel

2 pincées de poivre
75 cl d'eau

Cocotte Ø 30 cm

recette

Placer tous les ingrédients dans la cocotte et laisser cuire 15 minutes environ
à feu moyen, en remuant régulièrement.

LASAGNES RAVIOLES POTIMARRON

Préparation : 15 minutes
Cuisson : 20 minutes

pour 4 personnes

4 plaques de ravioles du Dauphiné (240 g)
250 g de potimarron égrainé et râpé
250 g de céleri-rave râpé
50 cl de crème épaisse
4 pincées de noix muscade

50 g d'emmental râpé
15 cl d'eau
sel, poivre

Cocotte Ø 26 cm

recette

Mettre une couche de céleri-rave. Couvrir d'une plaque de ravioles, étaler
2 cuillerées à soupe de crème épaisse. Saler, poivrer, ajouter une pincée
de muscade, couvrir d'une couche de potimarron râpé, remettre une couche
de ravioles. Continuer d'alterner les couches et finir par une couche
de fromage râpé. Verser l'eau, cuire à couvert 20 minutes, à feu doux.

RAVIOLES ÉPINARDS ET NOISETTES

Préparation : 5 minutes
Cuisson : 3 minutes

120

pour 4 personnes

300 g de ravioles à poêler
100 g de pousses d'épinard
1 brique de préparation crémeuse à base de soja
(25 cl)
1 cuillerée à soupe d'échalote séchée en poudre
2 cuillerées à soupe de sauce soja

50 g de noisettes concassées
1 pincée de sel
1 pincée de poivre

Poêle Ø 30 cm

recette

Mettre tous les ingrédients dans la poêle, en réservant la moitié des noisettes.
Cuire 3 minutes à feu moyen, en remuant pour faire fondre les épinards.
Servir avec les noisettes restantes.

NOUILLES DE RIZ, COCO, POIREAU

Préparation : 10 minutes
Cuisson : 15 minutes

pour 4 personnes

400 g de nouilles de riz
4 petits poireaux coupés en lanières
dans la longueur
40 cl de lait de coco
1 petit bouquet de persil ciselé

2 cuillerées à soupe de sauce soja
40 cl d'eau
50 g de cacahuètes grillées salées, pour servir

Cocotte Ø 30 cm

recette

Mettre tous les ingrédients dans la cocotte en réservant la moitié du persil.
Cuire 10 minutes à feu moyen, en remuant régulièrement.
Servir avec le reste de persil ciselé et de cacahuètes concassées.

RIZ CANTONNAIS

Préparation : 10 minutes
Cuisson : 18 minutes

pour 4 personnes

250 g de riz basmati
1 carotte coupée en petits cubes
150 g de petits pois surgelés
1 gousse d'ail hachée
150 g de tofu fumé
3 cuillerées à soupe d'huile de tournesol

50 cl d'eau
2 pincées de sel
2 pincées de poivre

Poêle Ø 30 cm

recette

Mettre tous les ingrédients dans la poêle sauf l'eau.
Faire revenir pendant 3 minutes, en remuant sans cesse.
Ajouter l'eau, laisser cuire 15 minutes supplémentaires à couvert.

POÊLÉE RIZ, POIREAU, CÉLERI-RAVE

Préparation : 10 minutes
Cuisson : 20 minutes

pour 4 personnes

2 gros poireaux coupés en filaments dans la longueur
350 g de céleri-rave râpé
125 g de riz long
2 cuillerées à soupe d'huile de coco
2 pincées de sel
2 pincées de poivre

37 cl d'eau
1 petit bouquet de persil ciselé, pour servir
2 cuillerées à soupe de noix de coco râpée,
pour servir

Cocotte Ø 30 cm

recette

Faire revenir le riz, les poireaux et le céleri-rave dans la cocotte avec l'huile de coco pendant 5 minutes. Ajouter l'eau, le sel et le poivre. Laisser mijoter 15 minutes à couvert. Servir avec la noix de coco râpée et le persil.

POÊLÉE RIZ, CAROTTE, CACAHUÈTES

Préparation : 10 minutes
Cuisson : 25 minutes

pour 4 personnes

1 carotte râpée
1 panais râpé
250 g de riz basmati semi-complet
3 cuillerées à soupe d'huile d'olive
2 échalotes ciselées
2 gousses d'ail hachées
1 petit bouquet d'aneth ciselé

50 g de cacahuètes grillées salées et concassées
50 cl d'eau
2 pincées de sel

Cocotte Ø 30 cm

recette

Faire revenir tous les ingrédients sauf la moitié de l'aneth et l'eau dans l'huile
d'olive pendant 5 minutes. Verser l'eau, cuire 20 minutes à couvert.
Servir avec l'aneth restant.

RISOTTO PRIMAVERA

Préparation : 10 minutes
Cuisson : 30 minutes

pour 4 personnes

250 g de riz arborio
2 échalotes ciselées
20 g de beurre
2 cuillerées à soupe d'huile d'olive
1 cube de bouillon de légumes
25 cl de vin blanc
400 g d'asperges vertes coupées
en tronçons de 2 cm
100 g de petits pois surgelés
50 g de roquette

zeste de 1 citron
50 g de parmesan râpé (+ pour servir)
75 cl d'eau
2 pincées de sel
2 pincées de poivre
4 branches d'aneth ciselé, pour servir

Poêle Ø 30 cm

130

recette

Faire fondre le beurre avec l'huile d'olive dans la poêle. Ajouter le riz et les échalotes. Faire revenir 3 minutes, en remuant. Ajouter le vin blanc et le cube de bouillon, puis laisser évaporer, en remuant. Ajouter l'eau, le sel, le poivre, le zeste et les asperges. Laisser cuire 20 minutes, en remuant régulièrement. Ajouter la roquette, les petits pois et le parmesan. Laisser cuire 5 minutes supplémentaires, en remuant. Servir avec du parmesan râpé et l'aneth ciselé.

JAMBALAYA VEGGIE

Préparation : 15 minutes
Cuisson : 35 minutes

132

pour 6 personnes

250 g de riz long semi-complet
4 oignons nouveaux émincés
400 g de haricots rouges en conserve, égouttés
3 branches de céleri émincées (garder les feuilles)
1 carotte hachée
1 gousse d'ail hachée
1 cuillerée à soupe de concentré de tomates
1 cube de bouillon de légumes
1 cuillerée à café de paprika
1 pincée de clou de girofle en poudre
1 pincée de piment moulu

1 cuillerée à café de graines de cumin
1 cuillerée à soupe d'origan
2 feuilles de laurier
2 cuillerées à soupe d'huile de tournesol
50 cl d'eau

Cocotte Ø 30 cm

recette

Chauffer l'huile dans la cocotte. Faire revenir tous les ingrédients en réservant les haricots, le concentré de tomates, le cube de bouillon, les feuilles de céleri et 2 oignons émincés. Ajouter 50 cl d'eau, 1 cuillerée à café de sel et les cubes de bouillon. Laisser cuire 30 minutes à feu doux. Ajouter les haricots, les feuilles de céleri ciselées, le concentré de tomates et le reste d'oignons 5 minutes avant la fin de la cuisson.

RISOTTO ROUGE

Préparation : 10 minutes
Cuisson : 25 minutes

134

pour 4 personnes

300 g de riz rouge de Camargue
2 échalotes ciselées
20 g de beurre
2 cuillerées à soupe d'huile d'olive
1 petit bouquet d'estragon ciselé
1 cube de bouillon de légumes

25 cl de vin rouge
75 cl d'eau
2 pincées de sel
2 pincées de poivre

Poêle Ø 30 cm

recette

Faire fondre le beurre avec l'huile d'olive dans la poêle. Ajouter le riz, les échalotes et le cube de bouillon écrasé. Faire revenir 3 minutes, en remuant. Ajouter la moitié de l'estragon, le sel, le poivre, le vin rouge et l'eau. Laisser cuire 20 minutes à couvert, à feu doux. Servir avec l'estragon restant.

RISOTTO NERONE ET TREVISE

Préparation : 10 minutes
Cuisson : 1 heure

pour 4 personnes

250 g de riz nerone
1 salade trévise (250 g) émincée
1 échalote ciselée
6 cuillerées à soupe d'huile d'olive
2 cuillerées à soupe de crème de vinaigre balsamique
2 pincées de sel

2 pincées de poivre
150 g de billes de mozzarella
1,5 litre d'eau

Cocotte Ø 30 cm

recette

Mettre le riz, la trévise, l'échalote et l'huile d'olive dans une cocotte.
Cuire 5 minutes à feu fort, sans cesser de remuer pour faire réduire la trévise.
Ajouter le vinaigre balsamique, le sel et le poivre, mélanger. Verser l'eau
et laisser cuire 55 minutes environ, en mélangeant régulièrement, jusqu'à
ce que toute l'eau soit absorbée. Ajouter les billes de mozzarella, mélanger
et servir aussitôt.

BLÉ, POTIRON, SAFRAN

Préparation : 10 minutes
Cuisson : 25 minutes

pour 4 personnes

250 g de blé précuit
800 g de potiron pelé, coupé en gros morceaux
1 dosette de safran
1 brique de préparation crémeuse à base de soja (25 cl)
2 échalotes émincées

1 petit bouquet de persil
2 pincées de sel
2 pincées de poivre
50 cl d'eau

Cocotte Ø 26 cm

recette

Mettre tous les ingrédients dans la cocotte en réservant la moitié du persil.
Laisser cuire 25 minutes à feu moyen et à couvert.
Servir avec le persil restant ciselé.

GNOCCHIS ÉPINARDS ET SAUGE

Préparation : 5 minutes
Cuisson : 15 minutes

140

pour 4 personnes

500 g de gnocchis
150 g de pousses d'épinard
3 branches de sauge
20 g de beurre
1 oignon nouveau émincé
250 g de ricotta

30 cl d'eau
2 pincées de sel
2 pincées de poivre

Cocotte Ø 30 cm

recette

Chauffer le beurre dans la cocotte. Ajouter l'oignon, la sauge et les gnocchis.
Laisser revenir 5 minutes, en remuant. Ajouter l'eau et le sel. Laisser cuire
5 minutes. Ajouter la ricotta, les épinards et le poivre. Cuire 5 minutes
supplémentaires. On peut servir avec du parmesan râpé.

GNOCCHIS CHÈVRE, NOIX, CITRON

Préparation : 5 minutes
Cuisson : 10 minutes

142

pour 4 personnes

500 g de gnocchis
100 g de cerneaux de noix
20 cl de crème épaisse
3 rocamadours coupés en morceaux
zeste de 1 citron
3 oignons nouveaux émincés

1 cuillerée à café d'origan
2 pincées de sel
2 pincées de poivre
30 cl d'eau

Cocotte Ø 30 cm

recette

Mettre tous les ingrédients dans la cocotte en réservant la moitié du zeste
et 1 fromage. Laisser cuire 10 minutes à feu moyen, en remuant.
Servir avec le zeste et le fromage restant.

GNOCCHIS ASPERGES ET MASCARPONE

Préparation : 5 minutes
Cuisson : 10 minutes

144

pour 4 personnes

500 g de gnocchis
125 g de mascarpone
400 g d'asperges vertes coupées
en tronçons de 2 cm
50 g de parmesan râpé (+ pour servir)
1 oignon nouveau émincé

2 pincées de sel
2 pincées de poivre
30 cl d'eau

Poêle Ø 30 cm

recette

Mettre tous les ingrédients dans la poêle. Laisser cuire 10 minutes à feu moyen, en remuant. Servir avec du parmesan râpé.

GNOCCHIS COURGETTES ET NOISETTES

Préparation : 5 minutes
Cuisson : 15 minutes

pour 4 personnes

500 g de gnocchis
25 cl de lait, au choix
2 courgettes râpées
2 cuillerées à soupe de miso
50 g de noisettes hachées
2 pincées de poivre

Cocotte Ø 26 cm

recette

Placer tous les ingrédients dans la cocotte en réservant la moitié des
noisettes. Laisser mijoter 15 minutes à feu moyen, en remuant régulièrement.
Servir avec les noisettes hachées restantes.

SOUPES

Des plus classiques aux plus originales en passant par les
complètes, mixées ou en morceaux, une seule cocotte
pour des soupes simples, rapides et réconfortantes.

VELOUTÉ BUTTERNUT-COCO

Préparation : 5 minutes
Cuisson : 20 minutes

150

pour 6 personnes

1 kg de butternut égrainé coupé en gros morceaux
1 oignon émincé
40 cl de lait de coco
1 petit bouquet de coriandre
½ bâton de citronnelle émincé
2 pincées de sel
1 litre d'eau

Casserole Ø 20 cm

recette

Placer tous les ingrédients dans la casserole en réservant la moitié
de la coriandre. Laisser cuire 20 minutes environ à feu moyen.
Mixer et servir avec la coriandre fraîche restante ciselée.

VELOUTÉ DE CÉLERI-RAVE

Préparation : 5 minutes
Cuisson : 25 minutes

152

pour 6 personnes

500 g de céleri-rave épluché, coupé en gros
morceaux
50 cl d'eau
50 cl de lait
1 oignon émincé
1 cube de bouillon de légumes

1 petit bouquet de persil effeuillé (+ pour servir)
1 cuillerée à café de sel
1 pincée de poivre

Cocotte Ø 26 cm

recette

Placer tous les ingrédients dans la cocotte et laisser cuire 25 minutes environ à feu moyen. Mixer avant de servir avec du persil ciselé.

VELOUTÉ DE CHOU-FLEUR AUX AMANDES

Préparation : 5 minutes
Cuisson : 25 minutes

154

pour 6 personnes

500 g de chou-fleur coupé en fleurettes
2 briques de crème d'amande (40 cl)
60 cl d'eau
1 oignon émincé
1 cuillerée à soupe de paprika

1 cuillerée à café de sel
1 pincée de poivre

Cocotte Ø 26 cm

recette

Placer tous les ingrédients dans la cocotte et laisser cuire 25 minutes
environ à feu moyen. Mixer. On peut servir avec une noix de beurre
et une pincée de paprika.

VELOUTÉ MAÏS ET POIVRON

Préparation : 10 minutes
Cuisson : 20 minutes

pour 4 personnes

400 g de maïs en conserve, égoutté
1 poivron jaune émincé
1 poivron vert émincé
2 oignons nouveaux coupés en quatre
1 petit bouquet de coriandre
1 pincée de piment fort

2 cuillerées à soupe d'huile d'olive
1 cube de bouillon de légumes
70 cl d'eau

Casserole Ø 20 cm

recette

Placer tous les ingrédients dans la casserole en réservant la moitié
de la coriandre. Laisser cuire 20 minutes environ à feu moyen.
Mixer avant de servir avec la coriandre restante ciselée.

VELOUTÉ COURGETTES ET CHÂTAIGNES

Préparation : 5 minutes
Cuisson : 20 minutes

158

pour 6 personnes

750 g de courgettes coupées en rondelles de 1 cm
300 g de châtaignes en conserve
1 gousse d'ail dégermée
1 branche de thym
1 cube de bouillon de légumes

1 brique de crème d'amande (25 cl)
25 cl d'eau

Casserole Ø 20 cm

recette

Placer tous les ingrédients dans la casserole et laisser cuire 20 minutes environ à feu moyen. Mixer avant de servir et assaisonner.

VELOUTÉ ÉPINARDS ET POIS CHICHES

Préparation : 5 minutes
Cuisson : 15 minutes

pour 6 personnes

500 g d'épinards
25 cl d'eau
400 g de pois chiches en conserve, égouttés
1 oignon émincé
1 cuillerée à café de graines de cumin
50 cl de boisson végétale à base de soja

1 cube de bouillon de légumes
1 pincée de sel
1 pincée de poivre

Cocotte Ø 26 cm

recette

Placer tous les ingrédients dans la cocotte et laisser cuire 15 minutes environ
à feu moyen et à couvert. Mixer avant de servir.

VELOUTÉ POIREAU ET GINGEMBRE

Préparation : 5 minutes
Cuisson : 20 minutes

162

pour 4 personnes

250 g de poireaux émincés
100 g de pommes de terre épluchées, coupées en dés
100 g de tofu soyeux
10 g de gingembre
1 cuillerée à café de curry en poudre

50 cl d'eau
2 pincées de sel
1 pincée de poivre

Casserole Ø 20 cm

recette

Mettre tous les ingrédients dans la casserole. Cuire 20 minutes à feu moyen.
Mixer avant de servir.

SOUPE AU PISTOU

Préparation : 10 minutes
Cuisson : 20 minutes

164

pour 6 personnes

350 g de haricots coco plats coupés en morceaux
de 1 cm
1 courgette coupée en dés
1 oignon haché
2 gousses d'ail hachées
200 g de tomates concassées en conserve
400 g de haricots blancs en conserve, égouttés
100 g de coquillettes
150 g de pesto

2 cuillerées à soupe d'huile d'olive
1 litre d'eau
2 pincées de sel
2 pincées de poivre
2 branches de basilic, pour servir
50 g de parmesan, pour servir

Cocotte Ø 26 cm

recette

Mettre tous les ingrédients dans la cocotte en réservant la moitié du pesto.
Porter à ébullition puis cuire 20 minutes à couvert et à feu doux. Servir avec
le pesto restant, des feuilles de basilic et du parmesan râpé.

BOUILLON ASPERGES ET POIS

Préparation : 5 minutes
Cuisson : 15 minutes

pour 4 personnes

400 g d'asperges vertes coupées en tronçons
de 2 cm
100 g de petits pois surgelés
100 g de petites pâtes à potage
150 g de petits champignons de Paris
1 cube de bouillon de légumes

1,5 litre d'eau
2 pincées de sel
2 pincées de poivre
parmesan râpé, pour servir

Casserole Ø 20 cm

recette

Mettre tous les ingrédients dans la casserole sauf le parmesan.
Porter à ébullition puis cuire 10 minutes. Servir avec le parmesan râpé.

SOUPE VIETNAMIENNE

Préparation : 10 minutes
Cuisson : 30 minutes

168

pour 4 personnes

150 g de riz basmati
1 petite courgette coupée en dés
40 g de gingembre pelé et râpé
8 cives ciselées
1 petit bouquet de coriandre effeuillée

1 cube de bouillon de légumes
1 citron vert, pour servir
2 litres d'eau

Casserole Ø 20 cm

169

recette

Mettre le riz, l'eau, la courgette, le bouillon et le gingembre dans la casserole avec la moitié de la coriandre et 6 cives ciselées. Cuire 30 minutes à feu moyen, en remuant régulièrement. Servir avec le reste de feuilles de coriandre et de cive. Ajouter le jus et le zeste du citron vert.

BOUILLON DE SPAGHETTI BUTTERNUT

Préparation : 10 minutes
Cuisson : 10 minutes

170

pour 4 personnes

400 g de butternut épluchée, coupé en spaghetti
ou râpé
1 poireau haché
100 g de petites pâtes à potage
20 cl de crème liquide
1 litre d'eau

1 cube de bouillon de légumes
2 branches de romarin
2 pincées de sel
2 pincées de poivre

Cocotte Ø 26 cm

recette

Mettre tous les ingrédients dans la cocotte, porter à ébullition et laisser cuire
6 minutes en remuant régulièrement. Enlever le romarin avant de servir.

UDON CHOU AU MISO

Préparation : 5 minutes
Cuisson : 7 minutes
Repos : 5 minutes

172

pour 4 personnes

400 g de nouilles udon précuites
250 g de chou chinois émincé
150 g de shiitakés émincés
1 morceau d'algue kombu
2 cuillerées à soupe de miso
1,5 litre d'eau

2 pincées de piment de Cayenne, pour servir
1 petit bouquet de ciboulette ciselée, pour servir
1 cuillerée à café de sel

Cocotte Ø 26 cm

recette

Mettre tous les ingrédients dans la cocotte sauf les nouilles.
Porter à ébullition, laisser cuire 5 minutes à feu moyen. Arrêter la cuisson,
plonger les nouilles, laisser reposer 5 minutes puis remuer délicatement
pour séparer les pâtes. Servir avec du piment et de la ciboulette.

SOBA NAVET ET CAROTTE

Préparation : 5 minutes
Cuisson : 10 minutes

174

pour 4 personnes

100 g de nouilles soba
1 carotte finement émincée dans la longueur
2 petits navets râpés (150 g)
1,5 litre d'eau
4 cuillerées à soupe de sauce soja
2 pincées de sel

1 petit bouquet de coriandre
1 cuillerée à soupe d'huile de sésame
1 cuillerée à soupe de graines de sésame, pour servir
1 cuillerée à café de sel

Poêle Ø 30 cm

recette

Mettre tous les ingrédients dans la poêle en réservant la moitié
de la coriandre. Porter à ébullition puis laisser cuire 3 minutes. Écumer.
Servir avec la coriandre restante et saupoudrer de graines de sésame.

DESSERTS

Quelques recettes surprenantes de desserts aux légumes, mais aussi des classiques comme le riz au lait pour finir un repas végétarien en douceur.

MOELLEUX CHOCO-COURGETTE

Préparation : 10 minutes
Cuisson : 10 minutes
Repos : 20 minutes

178

pour 6 personnes

200 g de chocolat noir pâtissier haché
3 œufs
80 g de sucre
50 g de farine
100 g de courgette râpée

Poêle Ø 30 cm

179

recette

Placer tous les ingrédients dans la poêle. Faire chauffer à feu très doux sans cesser de remuer avec une spatule ou un fouet pour faire fondre le chocolat. Laisser cuire 6 minutes à couvert, à feu très doux. Arrêter la cuisson, retirer le couvercle, essuyer la condensation qui s'est créée dessous puis refermer. Laisser reposer 20 minutes avant de servir.

PANCAKE BETTERAVE

Préparation : 5 minutes
Cuisson : 10 minutes
Repos : 5 minutes

pour 4 personnes

1 petite betterave crue, pelée (100 g)
½ brique de préparation crémeuse à base de soja
(10 cl)
10 cl de lait, au choix
50 g de sucre
½ sachet de levure chimique

100 g de farine
50 g de noix
1 pincée de sel
2 cuillerées à soupe d'huile de coco

Poêle antiadhésive Ø 30 cm

recette

Mixer la betterave avec le lait, le soja, 1 cuillerée à soupe d'huile de coco, du
sel, 25 g de noix et le sucre. Ajouter ensuite la farine, la levure et mélanger.
Faire chauffer la poêle avec le reste d'huile de coco. Verser l'appareil à
pancake dans la poêle. Laisser cuire 5 minutes à feu doux. Laisser reposer
5 minutes à couvert. Faire glisser le pancake dans une assiette et le retourner
dans la poêle. Laisser cuire encore 5 minutes supplémentaires et ajouter
le reste de noix. On peut servir avec du sirop d'érable.

PANCAKE BANANE ET MYRTILLE

Préparation : 5 minutes
Cuisson : 10 minutes

182

pour 4 personnes

1 banane
150 g de tofu soyeux
10 cl de boisson végétale à la noisette (ou autre
boisson végétale)
50 g de sucre
130 g de farine d'épeautre ou de blé

½ sachet de levure chimique
2 cuillerées à soupe d'huile de coco
150 g de myrtilles

Poêle antiadhésive Ø 30 cm

183

recette

Mixer la banane avec le tofu, la boisson végétale, le sucre et la moitié
de l'huile de coco. Mélanger la farine et la levure, les ajouter au mélange
précédant, en remuant. Faire chauffer la poêle avec le reste d'huile de coco.
Verser l'appareil à pancake, enfoncer la moitié des myrtilles dans la pâte,
laisser cuire 5 minutes à feu doux. Faire glisser le pancake dans une assiette
et le retourner dans la poêle. Laisser cuire 5 minutes supplémentaires
et ajouter le reste de myrtilles avant de servir.

FLAN COCO CHOCO

Préparation : 5 minutes
Cuisson : 5 minutes
Repos : 2 h 30

pour 6 personnes

30 cl de lait entier
1 brique de lait de coco (20 cl)
25 g de sucre
2 g d'agar-agar
100 g de chocolat noir

Casserole Ø 20 cm

recette

Placer tous les ingrédients dans la casserole. Faire chauffer à feu moyen,
bien mélanger et remuer constamment jusqu'à ébullition pour faire fondre
le chocolat. Laisser cuire 2 minutes supplémentaires, sans cesser de remuer.
Laisser reposer 30 minutes sans toucher pour laisser tiédir puis placer
au réfrigérateur. Servir bien froid.

RIZ AU LAIT VANILLE

Préparation : 5 minutes
Cuisson : 40 minutes
Repos : 2 heures

186

pour 6 personnes

150 g de riz rond
1 litre de lait entier
150 g de sucre
zeste de 1 citron
1 gousse de vanille fendue et grattée

Cocotte Ø 26 cm

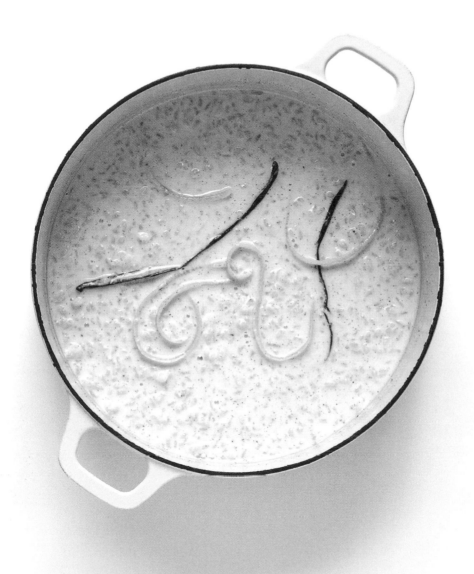

recette

Placer tous les ingrédients dans la cocotte et porter à ébullition.
Remuer et baisser le feu au minimum. Laisser cuire 40 minutes à couvert
avec une cuillère en bois entre la cocotte et le couvercle pour éviter que
la préparation ne déborde. Laisser refroidir à couvert
à température ambiante puis placer au frais. Servir froid.

RIZ AU LAIT D'AMANDE

Préparation : 5 minutes
Cuisson : 40 minutes
Repos : 2 heures

pour 6 personnes

120 g de riz rond
1 litre de lait d'amande
150 g de sucre
1 orange
30 g d'amandes, pour servir

Casserole Ø 20 cm

189

recette

Placer le riz, le lait d'amande, le sucre et le zeste d'orange dans la casserole.
Porter à ébullition, remuer et baisser le feu au minimum. Laisser cuire
40 minutes à couvert avec une cuillère en bois entre la casserole
et le couvercle pour éviter que la préparation ne déborde. Laisser refroidir
à couvert, à température ambiante, puis placer au frais. Servir froid avec
la chair de l'orange coupée en quartiers, et les amandes hachées.

INDEX

Relecture : Aurelie Legay et Véronique Dussidour
Mise en page : Chimène Denneulin

© Hachette Livre (Marabout), 2018.
3638770
ISBN : 978-2-501-12920-6
Dépôt légal : février 2018
Achevé d'imprimer en décembre 2017 sur les presses de l'imprimerie Stige en Italie.

MARABOUT
s'engage pour l'environnement
en réduisant l'empreinte carbone
de ses livres.
Celle de cet exemplaire est de :
300 g éq. CO_2
Rendez-vous sur
www.marabout-durable.fr

PAPIER À BASE DE
FIBRES CERTIFIÉES